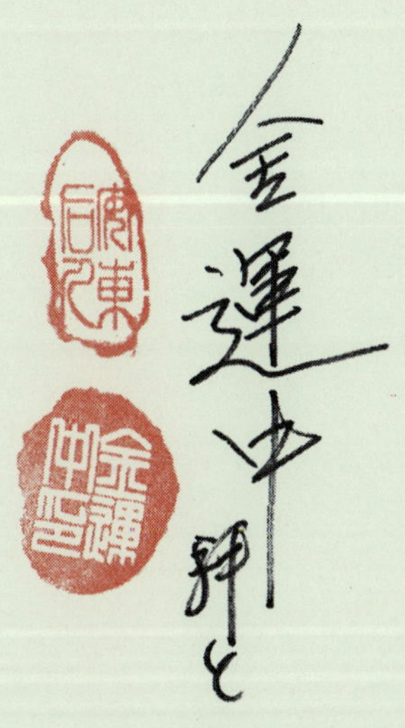

스리랑땅

스리랑땅

김운중 시집

계간문예

50년 마신 한강물.

포탄자국 역력한 원효로 전차길 옆 스쳐지난 굴다리길. 뽀드득거린 겨울 골목 칼 바람,어느 해 욱천旭川 도랑물 넘쳐 태풍에 쓸려간 마음들……… 지구 한 모퉁이 내 조국은 50년 역동으로 세계경제를 놀라게 한 나라가 되었음에 도취해 있다.

잠깐 숨쉬며 머물다 가는 생명체들의 무수한 외침, 그것은 절규다. 45억 살 지구, 남은 50여 억년… 별똥별 되이 스러져 갈 때까지 인간은 작은 지혜로 우주를 농락하겠다는 꿈을 향유할 것이다.

작은 이름 하나 건지려고 숱한 역사의 바퀴가 꿈틀거렸고 인간의 오기 속에 더욱 세상은 좁아졌다. 하루 백 리를 가다가 천 리, 만 리가 되었음에도 그 질주는 계속되어 수 천 광년 밖의 새로운 지구 4촌을 찾아내었다고 야단들이다.

지구가 모자라 우주로 나간 이들... 오늘이 모자라 내일을 탐하는 소견을 접고 즐겁게 사는 것을 연구해야겠다.

문학의 길에 들어서서 내는 4번 째의 글집이다. 꾸며낸 글이 싫어 온 천지를 돌아다니게 되니 그 또한 즐거운 행보였다. 앞으로 몇 편의 글들을 더 펴 낼지 모르지만 오늘을 충실히 살고 싶다.

— 檀紀4348(2015)年 가을. 仁川 富平 '八方舍廊' 에서

金運中

한기 10952. 단기 4354. 공기 2566.

불기 2559. 서기 2015.

차례

책머리에 004

제1부

高宗의 한 014
가마우지 015
꽃핀 인당수 016
몽금포 타령 017
대청도 삼각산 018
호룡곡산 썰물 019
계양산 휘파람 020
오지랖 오기 021
서해 바람 022
덕숭산 숭덕崇德 023
칠갑산 알밤 024
천장호 025
칠갑산 개실 026
웅천 갈대밭 027
소난지 소나기 028
송강사松江祠 흰바람 029
세종 경복궁 030
웅천 까망돌 031
무창포 바람 032
개불바다. 033

제2부

대관령 양떼 036
더덕 찬바람 037
무릉도원 골 038
정동진 흰머리 039
영월바람 040
청령포 뱃사공 041
청포 임금 042
한탄강 043
생명 044
김삿갓 골 045
두타연 돌호박 046
마음길 북녘길 047
아카시아 향 048
평화의 길 049
내린천 만해 050
월정사에서 051
정선 아라리 052
무지개 푸른길 053

제3부

소수서원 옥피리 056
돌뜬 절 흰구름 057
송악 도포자락 058
하늘텬 따디 059
회룡포 물돌이 060
첫돌 061
숲실 아재 062
오동 할매 063
산골 사랑 064
주실 주실 065
두들 아씨 066
연당 곰방대 067
임진강 달빛 068
쉬어넘는 새재 069
남강 휘파람 070
녕국사寧國寺 071
금산사 미륵 072
땅버들 고장 073
탄금대 봄별 074

제4부

장홍 부사府使 076
천관산 풋여름 077
서편제 빠구리 078
수문리 노래 079
수문리 파랑 080
고금섬 옥피리 081
생일도의 별 082
금강도 가는 길 083
약산 뱃노래 084
황금 캔 금일도 085
갈대 정원 086
잃어버린 날 087
진도 파랑 088
꿈구는 도솔산 089
도솔산 배롱나무 090
부소산 091
은쟁반 092
하늘난 몽돌 093
배탄 나로도 094

제5부

김제1 096
김제2 097
김제3 098
뗏목 탄 김제金堤 099
물 채인 주암 100
보성강 1 101
무등산 1 102
무등산 2 103
이연 저연緣 104
완주골 골기와 105
지리산 흰나래 106
피아골 107
숨쉬는 지리산 108
삼성궁 토째비 109
여름밤 청학 110
청학동 물소리 111
청학 조각달 112
대원사 옥수玉水 113

제6부

오동도 무지개 116
개도 소도 117
막걸리 개섬(蓋島) 118
오동도 새바람 119
소록도 이슬 120
오동도 밤바다 121
선암사 저녁종 122
향일암 너른 물 123
모양성牟陽城 나리 124
채석강 놀잇배 125
룸비니 바랑 126
홍쌍리 매화향 127

평설

장쾌한 포부와 기행의 시적 충격 / 조명제 130

제1부

高宗의 한*

몽골 칸 말채찍에
뱃길 저은 님
고려궁 고종황.

발굽에 밟힌 송악松岳
흔들린 옷깃
샛노랑 짚운막.

고려혼 아지랑이
'8만 대장경'
끌 쪼는 동국혼東國魂

〈2009. 6. 12. 강화 고려 고종릉에서〉
2012년 『自由文學』 여름호(84호) 발표

---

*고려 23대 고종이 대륙 몽고의 침략에 밀려 강화도에 피신, 급조한 강화 고려궁에서 나라를 지켜 내었다.

가마우지

막배 탄 백령 해녀 젓는 물이랑
가마우지 숨비.

물개떼 올라앉은 바위턱 아래
독사는 기고
은모래 소금물.

빛 튀는 유리모래
사곶 비행장
숨겨진 포대망.

6.25 백령 등대
빼앗긴 물밭
안타까운 북녀北女

〈2009. 5. 13. 백령도 코끼리바위 유람선에서〉

새정형시 3.4.5.6조『民調詩學』제6호(2013.상반기) 揭載

---

*中國 桂林 지방의 사람들은 아주 먼 옛날부터 가마우지 새를 이용한 낚시를 생업으로 삼았다고 함.

꽃핀 인당수

1
몽금포 장산물길
싼뚱山東 뭍바람
휘날린 거품꽃.

물기둥 갊아내린
황해 꽃바람
황사그물 날려.

2
장산곶 눈앞 어린
두무里 어항
노니는 흑룡춤.

연꽃길 피어오른
해당 둔덕꽃
심청애비 꽃궁.

〈2009. 5. 13. 백령도 두무리에서〉

몽금포 타령*

장산곶 메구장단 언더우드 배
되찾은(逆輸入) 십자가.

몽금포 꽹과리에 울렁인 황해
돛단배 어깨춤.

막사발 옹기굽는 옹진만 물길
숨소리 몽롱한,

불길동무
물길.

〈2009. 5. 13. 백령도 중화동 포구에서〉
새정형시 3.4.5.6조 『民調詩學』 제3호(2011.하반기) 揭載

---

*몽금포 : 황해도 룡연군에 위치.서해안의 대표적인 명승지로 서도 민요 몽금포 타령의 본고장이다.

대청도 삼각산*

고인돌 물길 넘어 황해 저녁놀
'장안리' 흰날개.

몽고병蒙古兵 말고삐에 삐친 황태자
매골뜬 풀잎배.

딜려온 노랑비람 산동반도山東半島 깃
홰방꾼 고비꾼.

쑥캐는 통발 '심청' 꽃게가 뛴다
아우 · 형 한 탯줄.

〈2009. 5. 14. 대청도 장안리에서〉
새정형시 3.4.5.6조『民調詩學』제3호(2011.하반기) 揭載

---

*삼각산 : 대청도에 있는 산 이름. 元나라 황태자 일행이 入島하여 골짜기에 궁궐을 짓고는 '장안' 이라 하고 매사냥을 하며 살았다 함.

호룡곡산 썰물

국사봉 사금파리 울리던 하늘
무의도 헛기합.

파랑뜬 호룡곡산 울리는 광풍
기죽인 황해 룡.

승봉도 검은 등 위 별빛이 뜬다,
울려라 칼바람.

잠자는 황룡꼬리 돌리는 물레
물평선 가로막.

〈2012. 3. 11. 무의도에서〉

계양산 휘파람

계양산 이고 가는
황사 갈매기
털어낸 미추홀.

헛기침 소래 포구
소정방 투구
낮잠 자는 삿대.

장마당 아라 뱃길
멈춘 숨소리
뒷짐진 대꼬챙.

〈2013. 9. 1. 인천 계양산을 오르며〉

---

*소래 포구 : 蘇定方이 당나라 군대를 끌고 들어온 곳.

오지랖 오기

오기로
영근
차돌

바꾼 물줄기
빨노파 걸레질.

〈2013. 9. 20. 인천 쾌도난마를 보며〉

서해 바람

1
마천루 청라 지구 하늘 찌르는
서해 바람 대한.

달고 간 흐린 날개 꼬리연 바다
영종 대교 하늘.

2
한 주먹 바윗덩이
오븐 위의 빵
벌렁거린 갯벌.

태극기 몸매자랑 건넌노을에
긴꼬리 방패연.

〈2010. 11. 21. 일본행 비행기에서〉

『自由文學』 95호(2015년봄) 발표

덕숭산 숭덕崇德

수덕사 세계일화
덕숭총림은
오색단풍 꽃춤.

가야산 경허 · 만공*
서해 용왕 춤
천세 솔잎 도량.

〈2013. 10. 30. 수덕사에서〉

*경허 · 만공 : 수덕사를 중흥시킨 스님들.

칠갑산 알밤

천장호湖 찔레꽃잎
찔레향 맡은
七甲山 알암말.

물 위 뜬 출렁다리
멀건 하늘은
맑을 '청' 별뜬 '밤'.

장곡사 풍경 욺에
영근 알밤은
초생달 맑은 맘.

〈2009. 5. 4. 천장호 아침〉

---

*천장호 : 칠갑산 '장곡사' 부근의 인공 호수 이름.

천장호

청량산 꽈리고추
차령 용트림
고려성 사비성.

천장호 바람막이
사비성 훈풍
영그는 알밤들.

〈2011. 11. 17. 칠갑산을 오르며〉

칠갑산 개실*

벌어진 햇밤송이
뚫어진 하늘
이장님 발가락.

도라지 뽕닢 익는
물레방아 꿈
칠갑산 아낙네.

흐르는 여울물에
적신 참마음
산촌인 망중한.

〈2013. 7. 28. 칠갑산 강인승 친구네서〉

---

*개실 : 충남 청양군 대치면 개곡리의 별칭.

웅천 갈대밭

하늘길 물떼새들
알 품던 안방
가득한 갈바람.

갈댓닢 시샘하는
성근 수숫대
훼방 논 잔파랑.

돌아온 통뼈 다리
물길 나침반
밝힌 지구자장.

겨울 강 흑갈매기
튕긴 물거품
꼬리 달군 금강.

〈2011. 11. 17. 웅천 갈대밭에서〉

소난지 소나기

물 나간 별자리에
드는 바람은
황해 건넌 오기.

팔랑인 우럭나래
늘어진 장마
못 이긴 알곡꿈.

모여든 나룻꾼들
땅집이 좋아,
바다가 좋아
든든한 조상덕.

〈2013. 7. 27. 서해 소난지도에서〉

송강사松江祠 흰바람

송강사 살구꽃향
반긴 까망 비碑
송우암 홍살문.

인왕산 소꿉놀이
걸린 담양땅
말탄 대관령길.

엉키고 몰린 수염
명주실타래
떠돈 무명적삼.

풀섶에 걸린 나래
진천 산비탈
바람젓는 길손.

〈2014. 3. 30. 진천 송강사에서〉

세종 경복궁

피뿌려 날린 먼지
마당놀이터
꽹과리 세종시.

곡괭이 소달구지
모여든 핏발
허리굽은 뿌리.

하나 둘 뛰는 버스
한강 유랑길
잃어버린 면장面長

피난길 방아쇠에
새길 삼천리
뒷굽 든 새 도읍.

〈2013.8. 3. 세종시에서〉

웅천 까망돌

까망돌 하늘 지킨
웅천 새악씨
귀신 붙은 차돌.

빛과 향 무창포 뜰
지키는 파도
보령땅 물방아.

〈2012. 1. 3. 비석 최대산지 보령 웅천에서〉

무창포 바람

밤새워 뒤척이며
어둠을 깨운
달빛잠 도다리.

어느 날 떠난 고향
꿈속 물이랑
자취없는 바람.

〈2013. 11. 18. 무창포에서〉

개불바다

새촉닢 틔워내서
키우는 별빛
꽃게 뜬 꿈바다.

달빛이 모래톱을
쓸고 감치면
푸른 높새바람.

소금밭 갯지렁이
태우는 해님
이슬 속 보름달.

짠모래 빗긴털게
날개 그림자
갈매기 꽃개불.

〈2009. 5. 17. 꽃지 꽃박람회장에서〉

새정형시 3.4.5.6조 『民調詩學』 제3호(2011.하반기) 揭載

제2부

대관령 양떼

대관령 양떼똥내
흐르는 고향
어우른 새구름.

스치는 바랑바람
풀짐 인 아씨
감춘 무지개 꿈.

늘어선 너른 풀밭
날개젓는 별
마음훔친 바람.

발왕산 그림판위
얼룩배기는
털가죽 양가죽.

〈2011. 10. 22〉

더덕 찬바람

대관령 산마룻길
까치떼 아씨
단풍 건지는 빛.

깨금낡〔木〕 여울목에
칡넝쿨 달빛
늦고추 기러기.

찬서리 청닢무우
잠든 골짜기
여우재 더덕향.

청언덕 팔랑개비
훔치는 팔뚝
새 밤을 밝힌다.

〈2011. 10. 22〉

무릉도원 골

삼화사 용오름길
두타산 가슴
동해를 오른다.

바위 틈 꽂힌 솔은
천년 아우성
불타는 적광산.

반석암 풍류바위
옛할배 노래
아미타불 합장.

지필묵 바위밥상
흐르는 포말
무릉도원 흰새.

〈2011. 10. 24. 무릉도원 골에서〉

정동진 흰머리

정동진 실한 바람
날쎈 고갯배
동해를 지킨다.

흐르는 모래시계
산마루 선창
바글거린 맨몸.

동해선 관광곳배
짜는 기적은
구름탄 외마디.

몰려온 파랑소리
씻는 햇모래
탕관 속 흰 멀칼.

〈2011. 10. 22. 庚寅生 진갑 모임날 정동진에서〉

영월바람

등탄뱀 겹겹 동강
선돌 장승길
홍이진 부사府使 넋.

넘나든 높새바람
붓대롱 바랑
솔뿌리 낚는다.

새 칡즙 푸른 날개
굵는 송이들
생기 돈 산비탈.

물무리 청령낚시
허리 굽힌 솔
맴돈 용포자락.

〈2011. 10. 23〉

청령포 뱃사공

곤룡포 적신 여울 노젓던 서강
참봉된 뱃사공.

우짖는 갈대노래 묻힌 해와 달
몰려든 구경꾼.

강둔덕 솔밭 위에 나뒹군 하늘
마음 비운 새싹.

부르는 삼간초옥 비젖은 노래
엎드린 솔가지.

〈2011. 10. 23〉

청포 임금

노산대 벼랑끝에
저무는 태양
바위덩이 통곡.

물굽이 코끝 솔향
서린 핏발은
녹을날 어느날.

청령포 소낙재엔
청소깝 연기
삼각산 날은다.

관음송 걸터앉아
쌓은 망향탑
한양길 달빛길.

〈2011. 10. 23〉

한탄강

한탄강 물맴 도는
바위 선착장
고석정 나그네.

임꺽정 휘파람에
배 부른 흰옷
옛길 읊는 하늘.

철책선 깃발 너머
아우성 언덕
새빨간 리본들.

기왓장 살엔 바람
거스른 물길
한탄들 아리랑.

〈2012. 9. 9. 한탄강 고석정에서〉

생명

바쁜 숨 흔들어 댄 바위 속 바람
삼라만상 우주.

벌침 튄 나침반엔 내동댕이 삶
땀내나는 뻘 땅.

풀섶 뒤 숨은 그늘 빨간고추는
도포자락 반찬.

새촉 튼 닥가지에 걸린 숨결들,
5천년 한얼들.

들고을 치악산골 단구동 언덕
흰빛이 솟는다.

〈2012. 9. 23. 박경리문학관에서〉

김삿갓 골

입술에 걸린 먹물
쟁반 위 충성
헛짚은 하늘 새.

노루목 가린 산골
스며든 삿갓
도포자락 바랑.

별 튀는 초옥삼간
구름 덮은 산
헤매돈 단풍닢.

빛바랜 금수강산
괴나리 봇짐
홀로맨 흰바람.

〈2012. 10. 20. 영월 김삿갓 문화축제장에서〉

두타연 돌호박

두타연 핑경소리
서릿빛 능선
움트는 목련꽃.

버들치 금강유수
산천어 고향
못 잊을 산비탈.

귓볼 친 해병함성
삼킨 도솔산
이끼낀 참나무.

돌호박 폭포수에
몽글린 대갈
터지리
깨지리.
〈2013. 4. 27. 양구 두타연에서〉

마음길 북녘길

1
모여든 고향길녘
삿갓 이해인
기도하는 숲길.

2
소양호 구름잡는
너털웃음은
박수근 꽃그림.

3
맑은물 배꼽마을
시간 낚는 꿈
안병준 · 김형석.

4
물대갈 양구머리
초병 눈초리
청청 금수강산.

〈시작노트〉

양구 출신 수녀 이해인 시인, 월남한 90고령의 철학자 안병욱 · 김형석 교수에게 후학 양성을 위해 양구군에서 지원한 군립 '시와 철학' 공원과 화가 박수근 공원을 둘러보고 씀.

〈2013. 4. 27. 양구읍에서〉

아카시아 향

뒹굴다 멈춘 영혼
떠도는 바람
이제라도 대궐.

달맞이 메아리도
핏발선 목청
터지는 가랑잎.

방아쇠 삼켜버린
방공호 초병
목청 튄 어머니.

〈2013. 4. 27. 양구 두타연에서〉

평화의 길

금강산 백석샘물
산삼 지뢰밭
넘고넘은 두타頭陀.

펀치볼 피의 능선
철길 뱅이골
못(池)둑 흰두루막.

유혹한 벌나비들
아카시아 향
올해도 하양꿈.

두들긴 바위턱에
튕겨진 별빛
새싹이 되었다.

(2013. 4. 27. 양구 두타연에서)

---

*두타頭陀: 양구군 동면 비무장 지대 두타연 계곡을 말함.

내린천 만해

강 여울 신난 '쉬리'
펄럭인 마음
빙그레 대청봉.

내린천 한여름 날
반긴 칡넝쿨
삼한 땅 붓대롱.

장마 끝 구름 햇볕
짙푸른 물감
돌아앉은 만해.

내설악 잣 솔방울
영그는 가을
기다린 청설모.

〈2013. 7. 20. 인제 만해 마을 한국문인협회 세미나장에서〉

월정사에서

해우소 늘어선 꽃
부르는 노래는
해탈
해탈
해탈.

천왕문 문지방길
도는 금강문
낙타 탄 사천왕.

종이 학 피리소리
걸린 서산엔
몸부림 이승 끈.

하늘 위 나는 돌탑
일렁이는 빛
월정사月精寺 적광전寂光殿 *

〈2013. 10. 12. 탄허 스님 100주년 행사장에서〉

* 적광전寂光殿 : 월정사 본당.

정선 아라리

아라리 주린 배는
정선 어랑길

잊혀진 산더덕.

닷새장 향기 날린
기찻길에는

빨강옷 노랑옷.

〈2013. 10. 9. 춘추회(3650지구) 가을 기행 중 정선에서〉

무지개 푸른길

무지개 상연 아씨
팔각 지팡이
탕탕한 젖가슴.

해넘이 말굽소리
아득한 울림
바위산 변강쇠.

땀흘린 반도길에
늘어선 바퀴
부채살 산수화.

숨쉬며 달릴 꿈길
5십 2억 년
흩어질 지구공.

〈2015. 7. 5.〉

제3부

소수서원 옥피리

선비골 까만 하늘 당긴 옛가락
금비단 새봄 밤.

흐르는 대금선율 애끓는 해금
부여잡은 아쟁.

옥피리 풍악춤에 쏟아진 별빛
펄펄 뛴 두루막.

한기 든 추녀 끝엔
'학이시습지 불역열호아'
점박이 수염들.

〈2012. 5. 10. 榮州 소수서원 선비촌에서〉

돌뜬 절 흰구름

봉황산 산비탈엔
춤추는 의상
후린 가슴 선화.

하얀꽃 능금볼은
부석사 나래
정토산 태백산.

배뿔뚝 무량수전
뜬 돌 아랫길
지킨 당간지주.

능금꽃 맑은 텃물
인삼막걸리
새빨간 아씨볼.

〈2010. 9. 10. 영주 부석사에서〉

송악 도포자락

범종각 스친 바람
오른 하늘엔
인삼향 더덕향.

늙은 솔 앉은자리
언 쌈지 푸는
송악 도포자락.

이끼 낀 늙은 은행〔杏〕
풍기는 요염
늘어진 한 줄기.

1천 년 찌른 하늘
잊은 전나무
묻혀진 밥숟갈.

〈2010. 9. 9. 영주 선비촌에서 〉

하늘텬 따디

탱자낡 가린 주자朱子
안향安珦 곰방대
공자왈 맹자왈,
소백산 주세붕.

현판 글 경친 혜안
열여섯 명종明宗
소수서원 금빛.

콧잔등 태운 송진
늘어선 흙길
능금 골 인삼밭.

옥색 띠 8자 걸음
이퇴계 조선
맑은 길 선비촌.

〈2010. 9. 9. 영주 선비촌에서〉

회룡포 물돌이

회룡포 모랫바닥 물도리 젓는
밀짚모자 거사.

금당실 금곡서당 푸른 성황당
공자왈 맹자왈.

용문사 보물성보 웃는 윤장대
지킨 백두대간.

초간정 대꼬챙이 너른 나락논
권선생 이선생.

〈2012. 4. 28. 경북 醴泉에서〉

첫돌

사립문 낮갈이는 양반 옹고집
여닫이 연탄불.

서릿발 한가람에 불던 찬바람
성애 낀 곱은 손.

책가방 매달렸던 전차 앞뒤엔
원효로 가로등.

부대낀 골목에는 한낮 지난 꿈
가득한 새 바람.

하늘집 천장 위에 닿은 꽃구름
첫돌을 맞는다.

〈2011. 12. 6. 진갑날〉

숲실 아재

선비골 노랑 나비
숲실 할매는
산수유가
서 말

오동동 마른 가지
새움 틔우는
대추꽃 알양반.

〈2014. 3. 23. 의성 금성산 숲실 산수유 축제장에서〉

오동 할매

산수유 영교 · 이에*
늘어선 보물
숲실골 안마을.

마늘잎 봄바람에
기다리는 쫑
어깨 힘 다락 논.

오동동 오동마을
쫓긴 감나무
약오른 대추씨.

〈2014. 3. 23. 의성 금성산 숲실 산수유 축제장에서〉

---

*영교 이에 : 개나리 씨앗

산골 사랑

용트림 천문대엔 동녘 봄바람
일월산 별하늘.

산청청 옥빛개울 불어난 달빛
팔 벌린 암가재.

주실숲 호은종택 빈 터 차지한
십자가 공자왈.

협곡물 채운 고을 청단풍 손짓
챙긴 환관족보.

청량산 영남도포 둥당 가야금
소백산 흰구름.

〈2013. 5. 18. 영양 주실마을에서〉

주실 주실

3백년 문전옥답
빌지 않는 손(不借,人,金,文)
스며든 조광조*.

오기로 익힌 세상
구한 새로움
내친 창씨 개명.

양력 설 세배하며
산비탈 일군
가정의례준칙.

기왓장 들썩들썩
고가음악회
울린 피리선율.

(2013. 5. 18. 영양 한양조씨 주실마을에서)

---

*조광조(趙光祖 : 1482~1519)는 중종반정 후 조정에 출사, 유교적 이상정치를 현실에 구현하려는 다양한 개혁을 시도하였다. 시대를 앞서간 개혁정책은 기묘사화로 물거품 되었으나, 그가 꿈꾸었던 이상사회는 후학들에 의해 조선 사회에 구현되었다.

두들 아씨

1
두드린 두들 두들
두드럭 양반
젖짠 장씨 아씨.

2
정부인 여중군자

'나물삶아 요리하소
콩띄워서 된장이라'

'음식디미방'
장계향 * 옷고름.

3
개골물 덮친 마실
청 단풍 손짓
챙긴 족보나리.

〈2013. 5. 19 영양 두들 마을에서〉

*장계향 : 석계 이시명의 부인. 경당 장흥효의 딸. 조선 현종, 숙종 때 이조판서를 지낸 문신,정치인,유학자였던 갈암 이현일(1627.1.11~1704.10.3)의 어머니. 한글로 음식 조리서 『음식디미방』을 저술하였다.

연당 곰방대

1
서석지瑞石池 연당 마을
서기 어린 돌
담양 소쇄원, 세연정 완도

겨루는 어깨춤.

2
바닥 돌 이끼 명찰
숨쉰 4백 년
제 이름 아흔 개.

3
망 보는 은행나무
석문 정영빙石門 鄭榮邦*,
남이 장군 혼

남이포 선바위

〈2013. 5. 19. 영양 연당마을에서〉

---

*鄭榮邦 : 문집 4권 3책 『석문집石門集』저자. 조선 광해군 때 과거에 합격하였으나(조선조 세연정, 소쇄원과 함께 3대 정원인) '서석지' 를 조성하고 은둔한 선비(1577~1650) 본관 : 東萊. 자 : 慶輔, 호 : 石門. 조부는 進士 鄭元忠. 생부 鄭湜, 양부 鄭澡, 鄭經世의 문하에서 성리학 수업.

임진강 달빛

임진강 넘는 바람
나는 강물에
속살 튕기는 땅.

속앓이 억지 부마
숨긴 용포엔
오매불망 민초.

도라산 행궁마차
서라벌 흰옷
돌아 돌아 돌아.

하늘로 이은 달빛
지킨 삼한 땅
울 할배 경순왕敬順王

〈2013. 6. 6. 임진강나루 경순왕릉에서〉

쉬어넘는 새재

주흘산 도포자락
펄럭이던 꿈
차돌 조선 선비.

낙동강 첫물 배인
춤추는 주막
샛바람 꽃잎들.

이끼 낀 솔방울 탑
교귀정* 마패
새 길 튼 관찰사.

〈2013.10. 26. 문경 새재(鳥嶺)를 걸으며〉

主屹山 飛道袍 薫風舞姬 朝鮮明乭貧士.
火焰紅葉 鳥嶺故路 越牆飛夢 蒼空泣微笑.
洛東江 始水洽 舞酒幕 微笑春風破顔.
影鬱鬱老松 交龜亭馬牌 觀察使開新道.

---

*교귀정交龜亭 : 신, 구임 관찰사 교대식이 열렸던, 조령에 있는 누각.

남강 휘파람

촉석루 남강훈풍
춤추는 카락
만경산 대머리.

물도리 치맛자락
휘저은 논개
물귀신 쪽발별.

김시민 불호령은
남강 휘파람
혼비백산 에도(江戶).

달빛 속 모랫바위
지키는 절개
조선 피
겨레 피.

〈2013. 8. 2. 남강 촉석루에서〉

---

*에도(江戶) : 도오쿄(東京)

녕국사寧國寺

은행잎 왕건나라
흘러온 천년千年
헛놓인 새기둥.

천태산 산달밭에
화전뜬 산꾼
땀흘리는 달빛.

아미타 원각 국사
하늘빛 염불
물맴짓는 달빛.

〈2006. 3. 5. 永同 천태산 高麗 寧國寺에서〉

금산사 미륵

따비 튼 외기등문
나이테 어린
풀섶 칡넝쿨,
웃는 부처꽃잎.

견훤의 칼날 앞에
몸푸는 아낙
자지러진 미륵.

흐르는 푸른 달빛
숨소리 자고
'금산사' 지는 꽃.

〈2009. 4. 25. 금산사 일주문에서〉

새정형시 3.4.5.6조 『民調詩學』 제6호(2013. 상반기) 掲載

땅버들 고장

소가야 대가야大伽倻도
가버린 가야
중원땅 땅버들.

꿀참외 참고집은
별고을* 보물
풀넝쿨 한마당.

산산산 이李 · 배裵 · 여울
물굽이 따라
어울렁 더울렁.

대추촌 알암 한 톨
단 수박 인심
감꽃향 반촌班村 혼.

〈2010. 7. 26. 星州邑 성밖숲에서〉

---

*별고을 : 성주星州

탄금대 봄별

유령들 새집 세는
분 바른 날개
혼자 잘난 햇빛.

아롱진 이른 봄별
무지개 꽃봉
새하얀 조선 벌.

엉킨 불 못 떨치는
이승의 끈들
날아라 날아라.

꽃댕기 오른 하늘
앵두빛 내음
만발한 연화봉.

〈2011. 4. 9. 현대시인협회 탄금대 문학기행 중〉

제4부

장흥 부사府使

꽹과리 매구 장구
삼남제일은
아쉼없는 배짱.

회오리 지킨 은빛
챙긴 보따리,
키다리꼬리
늘어선 서편제.

가마 위 장흥 부사府使
높은 골 고흥高興
길게 이는 장흥長興

가마 끝 대롱대롱
하늘 산 바다
어울덩 더울덩.

〈2010. 7. 30. 장흥호에서〉

*장흥은 삼남의 관문으로 풍요로운 고장. 예부터 府使가 부임하였다.

천관산 풋여름

오뉴월 울어 싸댄
유향산 매미
진달래 고함골.

골마다 달구어진
삼무지 자갈
흔들린 긴 수염.

새벽달 안은 안개
깜박 가로등
바다 어린 별빛.

날리는 삼베적삼
젓는 한모롱
긴 삿대 큰 여울.

〈2010. 7. 30. 장흥 天冠山을 바라보며〉

서편제 빠구리

이청준* 땡땡이글
장흥 빠구린
가시말 흰연꽃.

송기숙* 보따리글
피천골 풀꽃
물맛글 옹달샘.

고인글 '서편제'는
푸른 나락논
허수아비 노래.

물축제 발치호롱
남도 초롱길
꽃동백 숨소리.

〈2010. 7. 30. 장흥 문학기행 중〉

---

*이청준(李淸俊 1939~2008), 장흥 바닷가에서 자람. 소설 「서편제」로 유명.
*송기숙(宋基淑 1935~), 장흥 출생. 「암태도」, 「녹두장군」등의 역사소설가.

수문리 노래

여다지 해산토굴
이야기 영근
한승원*길 새꿈.

하늘문 포구횟집
장흥 환타지
활그린 바닷가.

갯메꽃 갯질경이 칠면조 게
키조개 고둥
가시연 수비기,
변강쇠 갯잔디.

갯장어 놀래미 돔
팔딱 난 멸치
열무김칫국물,

쌈장 된장 물회,
한 이불 속 나라.

〈2010. 7. 30. 장흥 안양면 수문리 해변(한승원 문학길)에서〉

---

*한승원(韓勝源 1939년생) : 장흥 출신 소설가. 「해산 가는 길」과 「사랑」등 수백 편에 이르는 작품을 통해 남해 바닷가를 고향의 언어인 토착어로 구사하며 집요하게 다룸.

수문리 파랑

코 끝의 녹차바람
파랑 인 들판
수문리 물평선.

도랑물 기다리는
땅잔디 손짓
맞물 본 가로수.

별들은 해 둘 달 둘
거느리는데
보이지 않는 배.

안창살 깊은 꿈이
기지개 펴면
새벽닭 큰울음.

〈2013. 8. 1. 전남 장흥군 안양 수문리에서〉

고금섬 옥피리

이순신 관우사당
두들긴 왜구
흔들던 지휘봉.

충열사* 붉은바람
고금도 창파
달리는 뱃머리

노젓던 할아버지
지킨 고금도
연육교 불빛춤.

〈2013. 8. 1. 고금도 농상리 충열사에서〉

*충렬사 : 관우 사당이 함께 모셔진 고금도 충렬사.

생일도의 별

바다 위 네비게션
덩달아 놀란
큰트럭 쌀가마.

반기는 케익 촛불
맞는 페리 호
에워싼 조각배.

섬마을 아스팔트
신작로에는
넉넉한 먹거리.

유혹한 바다목장
다시마 미역
함께 신난 전복.

〈2013. 7. 31.생일도에서〉

금당도 가는 길

금당도 인왕산 밑
나(飛)는 들풀들
덩덜구 · 쫌팽이*.

바닷속 네비게션
침병 페리호
경끼 중 자동차.

성황당 걸린 마음
놓친 연락선
노력항 흰처녀.

바다는 둥글레에
굵는 전복들
섬목동 왕서방.

〈2013. 7. 31. 완도 금당도 인왕산에서〉

---

*덩덜구, 쫌팽이 : 바닷고기 우럭 종류(호남 해안 사투리)

약산 뱃노래

쌓인 꿈 낚으려는 어두리 파도
소꿉적 피난처.

달 업고 떠난 아씨 해당화 비탈
산모롱 바닷가.

한아름 마른 미역 문식* 형 선물
풋주름 속 한꿈.

고구마 둔덕밭엔 날개단 전복
모여든 객꾼들.

〈2013. 7. 31. 완도 약산 어두리에서〉

---

*문식 : 어두리(1972. 10)에서 한 달간 함께 교유한 권계봉 동창의 이웃집 형.

황금 캔 금일도

전팔만 갯마을엔
팽나무 당堂재
조개 잡이 손톱.

성황당 금모랫빛
서늘한 바람
꽃섬 지킨 혼불.

하얀 별 떠다 놓은
짙푸른 사발
성주단지 흰쌀.

안마당 전복말뚝
검은 콩나물
황금캔 금일도.

〈2013. 8. 1. 완도 금일도에서〉

---

*전팔만 : 고향이 금일도인 동갑 친구.

갈대 정원*

헝클어진 갈대밭에 모여든 꽃불
풍차 뜬 순천만.

엉겅퀴 물에 빠져 이룬 바다 풀
시샘하는 갈잎.

개구리 망둥어된 개펄 위에는
느림보 해파리.

햇볕이 오며가며 말 걸었더니
'이런들 어떠리,
저런들 어떠리'.

〈2013. 8. 1. 순천 정원박물관에서〉

잃어버린 날

없는 듯 사바세계
차돌된 석녀釋女
산 너머 억지불佛

끊은 연緣 등 뒤 이승
훔쳐보는 끈
갖고저 잊고저.

달 구름 산속살이
풀벌레 친구
외눈 도통도사.

제 한 몸 하늘 나는
옛 인연 안부
땡초 아바타
애닯은 맨삿갓.

〈2013. 8. 1. 41년 만의 통화에서(무명 스님)〉

진도 파랑

삼별초
용장산성
울둘목 물살
배중손 씻김굿.

〈2013. 10. 30. 진도에서〉

꿈꾸는 도솔산

복전함福錢函 대웅보전
지키는 나한
빙그레 금불상.

청설모 건망춤에
틔운 새싹은
새양식 참나무.

눈 감은 봄꽃 탱화
피운 연산홍
따라 웃는 나한.

새 촉 틈 향내 따라
흐르는 노래
배 부른 이승꿈.

〈2014. 4. 12. 고창 도솔산에서〉

도솔산 배롱나무

꽃공양 배롱나무
자미화 피면
하늘길 도솔천.

춘백닢 시샘하는
비탈산에는
흰까마귀 난다.

풋내음 동백단장
아주까리꽃
꿀 따는 동박새.

선운사 궤불석주
야단법석은
7층탑 공염불.

〈2014. 4. 12. 고창 도솔산에서〉

부소산

채석강 파도소리
내소사 공룡
움켜쥔 따개비.

전나무 희롱하는
새봄맞이는
서울내기 꽃춤.

나른한 벚꽃잎은
춤춘 마늘쫑
석가산 내소사.

〈2014. 4. 12. 변산반도 부소산에서〉

은쟁반

나로 섬 하늘 찌른
은빛 큰캡슐
하양 적삼 큰빛.

서린 빛 타는 구름
먼 하늘 새별
받친 금빛쟁반.

봉래산 닿은 물결
열린 하늘 길
그러안은 환인.

환웅얼 이은 봉래
하양나라 꿈
달구는 고흥골.

〈2011. 12. 29. 탐사선 발사기지에서〉

하늘난 몽돌

다시마 기다리던
반뚜껑 자개
어깨춤 뱃노래.

바위산 구른 물가
천연바둑돌
검청색 자갈밭.

불덩이 허공찌른
도포자락은
웅골찬 나로호.

점 찍은 하늘집에
한 찰나 번쩍
머리 싸맨 韓 · 러.

〈2010. 6. 11. 16:10. 나로호 2차 발사광경을 보며 蓋島 몽돌 해안에서〉

배탄 나로도

떠나 온 남국소철
동지나 훈풍
손짓 노스탤져.

늘어선 김밥말이
푸른 해초는
겨울단물 은혜.

봄향내 감춘 새촉
동백 은물결
하늘바다 저쪽.

칡넝쿨 마른 줄기
적대봉 기슭
뛰노는 하늘 끝.

〈2011. 12. 29. 나로도에서〉

제5부

김제 1

지평선 뜨고 지는 호수공원은
맹경강 동진강.

은방울 이연, 저緣 한 가득 이고
받은 아침햇살.

김제호 너른 들에 오르내린 별
모악산 새 머슴.

차나락 등짝짐에 훈토시 체근
구겨진 담뱃대.

뚫린 길 한양길엔 세계를 후린
사각모 큰아들.

〈2011. 10. 6.〉

김제 2

삽살이 공출대던
쪽바리 구장
이삭줍는 할미.

망해사 목탁소리
걸린 새만금
끊어진 꼬막 춤.

군산배 울린 고동
손까락 주판
경친 강경상고.

운암댐 섬진강물
하늘로 흘러
실타래 도랑물.

〈2011. 10. 6.〉

김제 3

진봉산 돈다발은
사금 덩어리
알깐 김제금천.

동진벼 나락꽃에
놀란 숭어떼
꾀인 풍천장어.

벽골제 가득한 물
논마을 단풍
일렁인 금물결.

하늘끝 징게밍게
밤새운 형제
외야미 너른 들.

〈2011. 10. 6.〉

뗏목 탄 김제金堤

까치떼 수논 하늘 물맴 돈 둑방
문연 갯벌 내음.

바지락 아우성에 아린 조선향香
만지는 새 하늘.

망해사 진각 스님 지은 상모암
벽골제 갈댓닢.

지구공 딱정벌레 굴린 5대양
차나락 태산배.

〈2011. 10. 6.〉

물 채인 주암

별총총 문덕고을
당긴 포물선
무명소매 부채.

녹차향 하늘 채운
하늘 물줄기
맑은 물 보성물.

달빛에 익은 가을
몰고 온 서리
춤춘 토끼방아.

〈2011. 10. 6. 주암 댐에서〉

보성강 1

보성강 갈대 끝에
매달린 더위
삼화사 꽃물들.

천봉산 이은 하늘
인주암 큰못
골 가득 물이랑.

황토빛 보성고을
지킨 대원사
고사리손 새꿈.

아우른 꽃대나무
어느 가을날
둥지 튼 참국祭.

〈2011. 10. 22. 보성 참菊 축제장에서〉

무등산 1

서석대 훔친 구름
헤이는 눈썹
길 여는 빛 고을.

남도 춤 지왕 · 인왕*
이룬 무등無等엔
억새 핀 천년 꿈.

입석대 하늬바람
천왕봉 넘어
챙기는 달뜬 산.

돌자갈 그러안은
달무리 이슬
댓닢을 재운다.

〈2011. 10. 30. 무등산을 오르며〉

---

*지왕 · 인왕 : 무등산의 봉우리 이름.

무등산 2

무등산 쇳물 녹인
충장공 나라
사무라이 경끼

남녘빛 푸른 황토
산죽 아우성
죽창 든 상투들.

〈2011. 10. 30.〉

이연 저연緣

물방울 타고 넘은 차돌박 인연
이런 연 저런 연.

이고 잔 아침햇살 모자라는 눈
김제호 너른 들.

동진강 이룬 단짝 끌려간 짚신
훈토시 앞가슴.

새마을 아키바리 먼지 날리던
모악산 큰 머슴.

열린 길 한양길엔 지구찬 허리
사각모 큰아들,
대한민국 아들.

〈2011. 11. 1. 김제에서〉

완주골 골기와

흩적삼 터진 가슴
물풍선 하늘
영닢 크는 5월.

불엄포 골기왓장
헛기침 소리
줄행랑 대설대.

이목대 흔든 바람
다시 선 李家
반도의 새 주인.

학동學童 뛴 늙은 은행〔杏木〕
하늘천 따지
훈장님 옛노래.

〈2013. 7. 전주 한옥촌에서〉

지리산 흰나래

백무동 호령하는
구름 산신령
장터목 할애비.

하늘이 열렸구나
발 아래 천지
구름탄 지팡이.

산등성 외줄 그은
칼바람 요술
고드름 탄 바위.

다듬은 황금석양
구만리 저승
꽃놓는 지리산.

〈2011. 9. 16. 지리산 장터목에서〉
『山문학』 (2015. 1. 10.) 발표

피아골

피아골 외마디에 타버린 간장
앗긴 전나뭇길.

시큼한 장딴지는 형제봉 감고
잠든 토끼신령,

앙상한 천년주목 먼 날을 헨다
반도의 언저리.

구절초 하늘 덮은 산국 · 산죽 위
천년 구상나무.

〈2011. 9. 16. 지리산 노루목에〉

숨쉬는 지리산

성삼재 노루목을
휘저은 산죽
목 메인 형제봉.

조막손 하늘 잡은
눈 가린 토끼
외마디 피아골.

천왕봉 지리산궁
빚은 만물상
반도의 어머니.

〈2011. 9. 16.〉

삼성궁 토째비

보우하 신령님들
채운 골짜기
지키는 물오리.

팔각정 삼성궁길
맷돌 담벼락
그려 논 궁상들.

단군님 홍익인간
령기靈氣 어리니
간지런 지리산.

신들의 아방궁엔
써늘한 귀신
웅성인 돌계단.

〈2013. 8. 1. 지리산 청학동 삼성궁에서〉

여름밤 청학

조각달 지킨 돌길
삼성궁 단군
청학골 물소리.

장대비 때린 청솔
곤한 잠투정
마고성 토째비.

굽이 돈 뜨락 따라
재운 한더위
목 터진 꼬끼오.

도리께 붓대롱은
탕관 상투 틈
어제 오늘 꿈밭.

〈2013. 8. 2. 지리산 청학동에서〉

청학동 물소리

새벽닭 울린 산간
등 넘은 설움
새록새록 뒤척.

그림자 흰 대나무
쓸어내는 뜰
일지 않는 먼지.

달빛 산 8백고지
따논 조각배
지킨 시시 비비.

눈썹달 백중 따라
흐르는 새벽
청학동 물소리

〈2013. 8. 3. 청학동 한밤〉

청학 조각달

밤새워 지켜 딴 달
건넌 오작교
구름 속 조각배.

까만 꿈 잊은 옛 일
뒤척인 한밤
동무된 닭소리.

선비촌 훈장기침
헤친 산중턱
한잠 든 합숙소.

옛 귀신 등쌀 속에
지켜낸 새벽
청학동 조각달.

〈2013. 8. 2. 청학동 초승달 아래에서〉

대원사 옥수玉水*

지리산 섬섬옥수
빛은 구슬은
은빛날개 구름.

찻잎 위 새벽이슬
녹아 내린 날
맘 씻고 꿈 깨고.

탱화 위 마귀 · 신선
함께 노니는
대원사 대웅전.

산 아래 영롱 물빛
모은 두 손엔
나무아미타불.

〈2013. 8. 2. 지리산 대원사에서〉

제6부

오동도 무지개

빨 · 주 · 노 · 초 · 파 · 남 · 보
튕긴 벽오동
천평선天平線 그린다.

중절모 댓닢땅꾼
챙긴 독립문*
달리던 쇠동태.

은갈매기
오동섬
넘나든 돌산
다도해 물등성.

통통배 뜨던 비알
하양 동백꽃
열리고 닫히고.

〈2009. 7. 20. 한때 밀수로 이름났던 여수 앞바다에서〉

개도 소도

열린섬(蓋島) 깜박 등대
밤바다 가른
별 품은 여수만.

천리길 찾은 맨손
함께 가는 길
힘찬 어깨동무.

금 그인 봉우리는
저마다 잘난
남해바다 큰 봉.

흐르는 물길 위에
실은 내마음
천리향 · 만리향.

〈2011. 12. 29. 여수 백야 선착장에서〉

막걸리 개섬(蓋島)

산새 난 꽃섬 개도
달빛 춤추는
하늘 인 황소 섬.

봉화산 계피 · 난디
토끼들 나라
매미적삼 아씨.

어우른 찔레 · 산취
한려 한 모롱
돈 전복 약초藥草 섬.

막걸리 우윳빛에
해평선 넘는
치마폭 물 꼬리.

〈2010. 6. 10. 여수 蓋島 봉화산 오르며〉

『山문학』(2015. 1. 10.) 발표

오동도 새바람

뻐꾹새 부른 일출
참대 그늘은
더덕향 오솔길.

하얀집 동백 열차
날쌘 잠투정
밤새 헤맨 한려

파헤친 언덕배기
이사간 무덤
꿈속의 새 천당.

훈토시 내친 등대
찾은 여수역
엑스포 뱃고동.

〈2010. 6. 10. 엑스포 준비하는 새벽 오동도에서〉

소록도 이슬

몰아 쉰 뜨거운 숨 남해 물결은
새촉 희망구름.

날샐녘 이는 파랑 뭍새바람 끝
지친 깜박등대.

적대봉 태운 햇살 검은 핏덩이
잃어버린 마음.

천등산 바라보며 훔치는 거울
뭉글뭉글 손끝.

푸른 빛 하늘강에 펼쳐진 보석
흩날린 소록도.

〈2011. 12. 29. 소록도에서〉

2013. 8. 17. 현대시인협회 화천 별밤 시 낭송회 낭송

오동도 밤바다

들어찬 뭍가 별은
철마 자동차
빙빙 돈 엑스포.

돌산갓 너울 춤에
봄볕 파랑친
전복은 한낮 잠.

비늘이 횃불 든 밤
향일암 염불
동방의 흰 나라.

토깨비 오막살이
이슥한 별밤
챙겨간 밤바다.

〈2013. 8. 1. 여수 엑스포 장에서〉

선암사 저녁종

조계산 큰 꽃밭집
장발 대나무
후리는 선암사.

거북 등 지은 새집
향피운 목탁
송광사 일주문.

먼 하늘 이고 자는
룸비니 왕자
언제 깨나 선잠.

〈2011. 12. 31. 순천 조계산 선암사에서〉

향일암 너른 물

동백춤 호랑나비
훔친 물평선
떼돌이 향일암.

새 기둥 말간 하늘
쫓긴 밀밭엔
귓볼친 찬바람.

장삿배 바다 기린
하늘 위의 봄
댓닢에 묻은 꿈.

해당화 골목길은
두꺼비 손등,
쇠힘줄 돌산섬.

〈2011. 12. 29. 돌산 向日庵에서〉

모양성牟陽城 나리

모양성 아전나리
장고 놀린 춤
신재효 판소리.

진채선 보름달에
간드러진 눈
흔들린 경복궁.

꼬리친 풍천장어
놀란 홍선군
덜컹거린 동헌東軒

〈2012 1. 2. 고창 모양성에서〉

---

*신재효申在孝 : 고창 출신 판소리 이론가. 1812년(순조12)~1884년(고종 21)

*진채선陳彩仙 : 신재효의 문하 여류 판소리 명창. 1847년(헌종13)~미상

채석강 놀잇배

큰 물가 들어올린
성난 하늘 끝
궁항 뜰 놀잇배.

곰소항 왕새우배
뒹굴던 뻘밭
빙그레 내소사.

채석강 마실길에
피는 함박꽃
시멘트 아이들.

쌍선봉 돌무덤에
위도 뱃놀이
꿈속의 질그릇.

〈2011. 12. 31. 변산반도 궁항에서〉

룸비니 바랑

룸비니 떠난 길손
흙탕물 건너
반도나라 백제.

법성포 물길 흘려
이끌던 참빛
나무아미타불.

청보리 둔덕 위에
널린 흰바람
극락땅 정토땅.

〈2012. 1. 2. 백제 불교 첫 도래지 법성포에서〉

---

*룸비니 : 석가모니 출생지. 현재 네팔 중남부 지역.

홍쌍리 매화향

섬진강 재첩밭에
숭어떼 여울
골 메운 지리산.

별 한 짐 달빛 한 줌
살구 봄바람
물 오른 섬진강.

〈2014. 3. 15. 홍쌍리 매화 비탈산에서〉

평설

장쾌한 포부와 기행의 시적 충격

조 명 제(문학박사)

1. 김운중, 운명의 기행시인

제4시집 『스리랑땅』을 내는 김운중 씨는 솔직 담백하고 화통한 성격의 사업가 시인이다. 경상북도 의성 출생인 그는 명문 안동 김씨 가문의 후손으로, 단국대학교 일어일문학과를 졸업하고 한양대학교 대학원에서 경영학을 전공한 경영인이며, 사회활동가이기도 하다. 롯데그룹 등 주요 업체의 직장생활을 거쳐, 1993년 말 〈八方交易〉을 내어 경영해 오면서, 문학단체는 물론 한국유네스코 서울협회 이사, 국제 로타리 3650지구 남솔 로타리클럽 회장을 역임하는 등 사회활동가로서의

면모도 남다르다.

이 같은 사회적 활동성은 그의 시집으로 가장 확실하게 결과되어 나타난다. 2006년 6월 『月刊文學』 신인상(민조시 부문)으로 등단한 이래, 차례로 상재한 시집 『地球行』(2007), 『아리랑땅』(2009), 『천산을 날면서』(2010) 등을 보면, 국내외 구석구석을 여행하고 쓴, 믿기 어려운 결과물임을 알게 된다.

김운중의 시집은 아예 '紀行民調詩集' 이라는 공통된 부제를 달아 왔을 만큼, 그의 시 쓰기는 여행을 위하여 추진되어 오고 있는 것이라고 해도 지나치지 않을 듯하다. 그는 마치 조선시대의 화가 겸재謙齋 선생이 전통적 관념 산수화를 걷어치우고 실경實景을 찾아 경물景物의 진실을 그림으로써 화단에 '진경산수' 라는 혁명적 경지를 개척했던 것처럼, 조선 천지를 샅샅이 뒤져 밟고 지구의 구석구석을 종횡무진 누비고 답사하여 시경일체詩景一體, 시행일체詩行一體를 실현하고 있는 것이다. 말하자면, 관념 굴리기, 혹은 환상 놀이 같은 시의 일반적 성향과는 전혀 다른, 일종의 '실체시' 를 실천하고 있다는 말이다.

『地球行』이라는 그의 첫 시집 제목이 상징해 주듯, 그는 인간이 사는 지상세계를 하나의 촌락村落 정도로 여기고 거침없이 답사하는 모양새다. 우리가 흔히 쓰는 '地球村' 이라는 말은 정보통신과 교통의 발달로 전 세계의 돌아가는 형편을, 닭울음소리 개 짖는 소리가 들리는 이웃 마을 간의 소식을 접하듯 알 수 있게 되고, 세계의 구석구석을 이웃 마을 드나들듯 누

빌 수 있게 된 데서 생겨난 말이다. 지구촌을 누빈 김운중은 이 첫 시집에서부터, 국내 답사 기행시 31편, 동남 아시아, 러시아, 동유럽, 일본, 중국 등 답사 기행시 72편 등 총 103편의 여행 시를 묶어 보였었다. 실로 그는 이 지구상을 촌락의 이웃마을 드나들듯이 누비기 시작한 것이다. 그로부터 제2시집 『아리랑땅』은 총 154편의 국내 기행시로, 제3시집 『천산을 날면서』는 서유럽, 이집트, 그리스, 우즈벡, 아프가니스탄, 터키, 인도, 네팔, 베트남, 라오스 등을 여행하고 쓴 총 115편의 국외 기행시로 엮어 그의 장쾌한 실체시의 실현을 수행해 온 것이다.

그의 기행의 장도壯途는 좀처럼 가늠할 수가 없을 지경인데, 이번에 동시에 상재하게 되는 제4시집 『스리랑땅』과 제5시집 『雲海 구만리』는 이제 실체시의 한 정점을 찍는 게 아닐까 싶다. 『雲海 구만리』는 계속된 지구촌 여행의 시적 결과물이고, 『스리랑땅』은 계속된 국토 답사 여행의 시적 성과물인 것으로 안다.

2. 민조시(기행 민조시)의 형식 구조

김운중은 그의 시집들을에 '紀行民調詩' 라거나, '紀行 3 · 4 · 5 · 6調 定型詩' 라는 부제를 붙여 놓았다. 그런 만큼 먼저 그의 여행과 시적 체현의 포부 및 구상을 살펴볼 필요가 있겠다. 그는 첫 시집의 서문인 「시인의 말」에서 "그간 유네스코 서울협회 국제 담당으로 20여 년 국내외 역사 문화탐방을 다녔다. 그 때 쓴 시를 我山(*신세훈) 선생의 지도를 거쳐 民調詩로 탈바꿈해 낸다."라고 하였다. 여행, 특히 역사 문화 탐방은 그에게 있어서 숙명 같은 것이었음을 말해 준다. 그리고 제3시집 『천산을 날면서』의 「시인의 말」에서는 "우리 민족의 음률인 3·4·5·6 民調의 定型을 紀行詩에 활용 발전시키려고, 배워 가면서 세 번째 시집을 낸다."라고 하고 있다.

시적 행로에 장대한 포부와 기대를 가진 그는 국내외의 산천과 문화유적지 구석구석을 답사하고 여행하며, 그 실체적 풍광과 감격을 3·4·5·6調의 정형시로 담아낸 것이다. 그가 이번 시집에서 보인, 발로 찾아 답사하고 쓴 시만도 106편이니, 그 가늠키 어려운 기행의 욕구와 운명에 박수를 보낼 수밖에 없다. 그는 또 2번째 시집 『아리랑땅』의 서문에서 "함축된 뜻을 定型의 틀에 맞춰 쓴다는 게 간난한 일이 아니지만, 그간의 여러 글들을 3·4·5·6의 民調詩로 바꾸는 작업을 함께 하며, 늦깎이 등림[등단]을 보충하려는 듯 두 번째의 시집을 낸다."라고 하였다.

이른바 민조시는 3·4·5·6조의 정형시를 말한다. 신세훈 시인의 연구와 주창에 의하여 실현되기 시작한 민조시는 단시형短詩型의 일종으로, 음절 규정의 정형시다. 음절률의 정형시로는 언어 형태상 음절어를 가진 일본의 하이쿠(5·7·5조)와,

중국의 옛 한시漢詩 가운데 절구(絶句: 4행시=5언 절구/7언 절구)나 율시(律詩: 8행시=5언 율시/7언 율시) 등을 대표적 사례로 꼽을 수 있다. 물론 절구나 율시 등의 한시의 경우, 음성률音性律 음위율音位律 음절률音節律/音數律 등 외형적 정형률을 동시에 가장 완벽하게 갖춘 정형시로, 음절률 하나만으로 규정되지 않는다.

우리의 고유 시가 중 가장 충실한 정형성을 지니고 있는 시조時調는 사실상 음절률의 시가 아니다. 도남 조윤제 박사의 음절률적 정형시론은 1960년대부터 도전받기 시작하여 음성률(고저율-황희영/ 강약률-정병욱 등)이라는 주장의 연구도 있었고, 1980년대에 결판이 났듯이 한국시가의 율격적 전통은 음보율音步律에 있다는 결론에 이르렀다. 도남의 시조 형태론인 "3 4 3 4/ 3 4 3 4/ 3 5 4 3"의 초중종 3장 6구론은 조사 결과 "3 4 4 4/ 3 4 4 4/ 3 5 4 3"이 훨씬 더 많았으며, 그 뒤로 굳이 자수율을 가지고 논할 때는 초중장의 경우 "3 4 4 4"조를 정당한 것으로 들어 설명한다. 그러나 시조의 율격적 정형성은 이런 정도의 자수 분석적 수정 정도로 마무리되는 것이 아니다.

어져 내일이야 그릴 줄을 모로드냐
이시라 ᄒᆞ더면 가랴마ᄂᆞᆫ 제 구틔여
보내고 그리ᄂᆞᆫ 精은 나도 몰라 ᄒᆞ노라

— 황진이의 평시조

가노라 삼각산아 다시 보자 한강수야
고국 산천을 ᄯᅥ나고자 하랴마ᄂᆞᆫ
시절이 하 수상하니 올동말동 ᄒᆞ여라

— 김상헌의 평시조

뎨 가ᄂᆞᆫ 뎌 각시 본 듯도 ᄒᆞᆫ뎌이고
텬샹 ᄇᆡᆨ 옥경을 엇디ᄒᆞ여 니별ᄒᆞ고
ᄒᆡ 다 뎌 져믄 날의 눌을 보라 가시ᄂᆞᆫ 고

— 정 철의 가사 「속미인곡」 첫 부분

한 음보의 음 길이로 볼 때, 음절로 따지면 3음절이 아니라 4음절이 표준이 되며, 3음절로 된 경우에는 '-1음절', 위의 황진이와 김상헌의 시조(초장/중장)에서 보듯, 2음절이 실현된 경우에는 '-2음절'이 된다. 송강의 가사 「속미인곡」 첫 부분에서는 '3 3 3 4'로 전개되어 있다. '3 4 3 4'도 아니고 '3 4 4 4'도 아니다. 이뿐이 아니다. 다음의 작자 미상의 시조에서는 종장의 이른바 '3 5 4 3'과는 거리가 너무 먼 종장 형태를 보이고 있다.

百草를 | 다 심어도 | 대[竹]는 아니 | 심으리라 /
살대 가고 | 젓대 울고 | 그리나니 | 붓대로다 /

어이타 | 가고 울고 그리는 대를 | 심어 무삼 | 하리오/

(*이해의 편의를 위해 음보 마디에 '|'를, 음보행말에 '/'를 표시하였음-필자)

시조의 초·중장에서 한 음보 내에 2음절인 고시조는 적지 않고, 종장의 둘째 음보에서 6~8음절이 되는 경우도 더러 있다. 위의 탁월한 시조는 종장의 둘째 음보에서 9음절이나 실현되어 있다. 음수율적 정형시라고 해 놓고 이런 것을 안일하게 '예외 작품'이라고 할 수는 없다. 그러므로 한국시가의 율격적 원리는 음절률이 아니라 음보율이라는 견해가 타당한 것이다. 한 음보 안의 음수가 4음절이 바탕이라고 볼 때, 그 한 음절의 음 길이를 1모라(mora)라고 할 수 있으므로 1음보는 4모라가 되는 것이다. 이 경우 4모라와 음절 수가 4음절로 일치하면 가장 이상적일 것 같지만, 실상은 그렇지 않다. 한국시가의 전통적 율격 원리를 이해하지 못한 개화기 시대의 교사, 사회지도층 인사들의 계몽적 가사를 보면, 4모라와 4음절로 일치되어 있어, 이상적이기는커녕 오히려 유치하기 이를 데 없다.

여보시오 동포님네 술 벌통을 못보시오
웅긔뭉긔 ᄒᆞᆫ통속에 군신상하 단톄되여
호령내려 진문여니 쳔만ᄉᆞ졸 부역ᄒᆞᆫ다

긔율도 참 엄숙커니 량식좃차 풍죡코나

— 개화기 가사 「일심가」에서

잠을깨세 잠을깨세 사천년이 꿈속이라

〈중 략〉

범을보고 개그리고 봉을보고 닭그리다

문명개화 하려하면 실상일이 제일이라

— 개화기 가사 「동심가」에서

이것은 한국시가 구조상의 율격적 원리가 음보율에 있다는 사실을 알지 못했기 때문에 결과된 것이다. 이에 반해 이미 옛날에 송강과 황진이 등 허다한 시조시인과 가사작가는 음절수가 들쭉날쭉해도 전혀 지장이 없을 뿐만 아니라, 오히려 자연스럽고 숨통 트이는, 원만한 시가가 탄생되는 이치를 명확히 알고 있었던 것이다. "어저 내일이야 그릴 줄을 모로ᄃᆞ냐", "뎨 가ᄂᆞᆫ 뎌 각시 본 듯도 ᄒᆞᆫ뎌이고…", 이 얼마나 유려하고 숨통 트이는 율격 실현의 구조인가.

산에는 꽃 피네 / 꽃이 피네

갈봄 여름없이 / 꽃이 피네

산에 / 산에 / 피는 꽃은

저만치 혼자서 피어 있네

〈하 략〉

— 소월의 「산유화」에서(*작품시행을 율격시행으로 펼쳐 보인 것임)

종전에 이 같은 율격의 시를 두고, "7.5조"라는 궁색한 논리를 펼쳐 왔다. 일제하에서 5 · 7 · 5조인 일본 하이쿠 율조의 영향을 받은 것이기 때문이다. 그러나 5 · 7 · 5조가 그대로 한 편의 작품이 되는 하이쿠와, 시행 하나의 요소밖에 되지 않는 우리의 이른바 7 · 5조를 견주는 것도 문제지만, 우리말 어절의 특성상 3 4, 4 3, 3 3, 따위로 들쭉거리는데다, 3 4나 4 3, 혹은 3 3의 언어 단위를 왜 하나로 묶어 무리한 7음절적 율격 형태로 보아야 하느냐는 것이다. 과거에 7.5조라는 형식은 3음보인 것이며, 그렇더라도 그것이 언어구조가 원천적으로 다른(한국어=첨가어/일본어-음절어) 일본 정형시가의 율격 영향 하에서 실현된 율조이어서 우리 체질에 맞지 않다는 사실을 안 이후에는, 그 누가 가르치지 않았는데도 광복 이후 7.5조의 시를 쓴 사람은 한 사람도 없다.

위에 보인 「산유화」는 우리가 흔히 (송강, 황진이 등과 더불어) 천재적 시인이라고 일컫는 소월의 작품인데, 음절로만 본다면 "3 3 4/ 2 4 4/ 2 2 3/ 3 3 4"로 되어 있다. 이렇듯 한 음보가 4음절이 아니라 3음절, 심지어 2음절의 연속 같은 현상을 보이고 있는데도 율독상 지장은커녕, 지극히 원활하고 아름답다. 1음격, 혹은 2음격만큼의 음길이를 장음長音이나 정음(停音:묵음 형태)으로 처리하는 음보율의 원리에 입각해 있기 때문이다. 이것은 우리의 농악기 중 꽹과리의 타악 원리와 같다.

시가의 율격은 어느 한 가지로만 결정되는 경우는 드물다. 우리의 경우 적어도 음보율에 강약률이 따르고 있으며, 우리의 일상적 언어 현상에 있어서 으레 3음절이나 4음절 마디가 가장 흔하기 때문에 음수율적 양상이 보조적 설명 자료로 쓰이고 있을 뿐인 것이다.

그렇다면 3 · 4 · 5 · 6조라는 형식의 민조시는 음보율의 원리와는 동떨어진(음보율로 율독하려 해도 율독적 무리가 발생하며, 그 율독적 미학이 확보되지 않는다) 음절 규정의 정형시인 것이다.

3. 장쾌한 기행과 표현적 박진감

야심찬 민족의식의 시인 김운중의 3 · 4 · 5 · 6조 정형의 제4 기행시집 『스리랑땅』은 전 6부 106편의 작품으로 구성되어 있다. 몇 편을 제외하고는 2수 이상의 연민조시連民調詩로 실현되어 있는 바, 그것은 '3 · 4 · 5 · 6' 음조의 제한된 단수單首로는 어떤 시적 대상을 제대로 담아낼 수 없기 때문으로 보인다.

시집의 목차만 훑어보더라도, 서해안 일대, 강원도 일원, 영남과 파주 지역, 전라도와 지리산, 그리고 도서島嶼 지대 등 그의 발길이 닿지 않은 데가 없어 보인다.

몽골 칸 말채찍에
뱃길 저은 님
고려궁 고종황.

발굽에 밟힌 송악松嶽
흔들린 옷깃
샛노랑 짚움막.

고려혼 아지랑이
'8만 대장경'
끌 쪼는 동국혼東國魂

—「高宗의 한」 전문

고려 제23대 고종高宗의 능을 찾아, 한 서린 역사를 더듬어 본 작품이다. 3 · 4 · 5 · 6조의 정형연시를 배행排行하여 '3 · 4 / 5 / 6 // 3 · 4 / 5 / 6 // 3 · 4 / 5 / 6'의 입체적 구성을 보이고 있다. 민조시 자체가 워낙 짧은 시형인 만큼 일반적으로 구절 배행은 불가피한 현상일 터이다.

몽골의 칸이 거느리는 기마병의 침략으로 왕도王都 송악[개경]을 버리고, 뱃길을 따라 강화도로 피신했던 고종의 치욕과 한이 3·4·5·6조의 율조 속에 함축되어 있다. 고종 18년(1231) 몽고족이 쳐들어 오자 다음해에 강화도로 도읍을 옮기고 몽고족에 대항한 고종은, 대구 부인사符仁寺에 있던 대장경판이 몽고병의 침략으로 불 타 버리자, 고종 23년(1236)부터 38년(1251)에 이르는 동안 대장경판을 새로이 조판하였다. 몽고족 침략의 말발굽 아래에서 한끌 한끌 경판을 새겨 불심호국佛心護國의 민족혼을 완성하니, 이것이 오늘날 합천 해인사에 보존된 팔만대장경(현전 경판 수 : 81,258장)으로, 이런 경우는 세계역사상 그 유례를 찾아볼 수 없다. 그것이 세계기록문화유산으로 등재(1995년)된 것은 당연한 일이다.

고종은 제위 46년(1259)에 승하하여 개경으로 옮겨지지 못하고 강화에 안장되었다. 시인은 강화도에 묻혀 있는 고종의 능을 답사하고 "고려혼 아지랑이 / '8만 대장경' / 끌 쪼는 동국혼東國魂"을 되새겨 본 것이다.

막배 탄 백령 해녀 젓는 물이랑
가마우지 숨비.

물개떼 올라앉은 바위턱 아래
독사는 기고
은모래 소금물.

빛튀는 유리모래
사곶 비행장
숨겨진 포대망.

6.25 백령 등대
빼앗긴 물밭
안타까운 북녀北女

—「가마우지」 전문

이 작품의 두 번째 수는 '3 · 4 · 5 / 5 / 6' 으로 5음절 구句가 한 번 반복된 변화를 보인다. '독사는 기고' 라는 그 핵심적 이미지를 놓칠 수 없었던 때문일 것이다.

백령도의 해녀들이 물질을 하고 내뿜는 숨비소리는 그 곳 바위섬에서 바다로 날아들어 고기잡이를 하는 가마우지의 이미지와 결합되어 실감을 더한다. 중국 계림桂林 지방의 사람들은 먼 옛날부터 가마우지를 이용한 고기잡이로 생업을 이어왔는데, 가마우지의 긴 목의 아래쪽을 끈으로 묶어, 물고기를 사냥한 가마우지가 그걸 삼켜 먹을 수 없게 만들었다. 가마우지를 이용한 어획은 이처럼 가마우지의 목에 걸린 물고기를 꺼내고 다시 물 속으로 내보내곤 하는, 다소 잔인한 방법의 고기잡이로 이루어진다. 가마우지가 사냥한 물고기를 입과 목에

넣고 고개를 쳐들며 헤엄쳐 어선漁船으로 다가오는 모습들은 마치 물질을 하고 물 밖으로 솟아오른 해녀들이 숨비소리를 내는 형상과 흡사하다.

백령도의 바위섬에는 얼룩물범이 살고, 넓고 단단한 사곶 해안은 천연 비행장으로 유명하다. 백령도는 휴전선 남쪽에 있으나 북한은 NLL을 간헐적으로 침범하며 트집을 잡고 탐을 낸다. 북한의 해녀들로서는 6.25 백령등대며 빼앗긴 물밭을 두고두고 안타까워할 것이라는 이야기다. 백령도에는 심청각과 효녀 심청상이 조성되어 있다. 고전소설 「심청전」에서 아비의 눈을 뜨게 하기 위해, 중국 상선에 제물로 팔린 심청이 투신한 인당수가 바로 백령도의 바다이다.

그러나 아직도 긴장의 냉전지대인 백령도의 풍경을 시인은 간략한 시형 속에 압축해 낸 것이다. 어쩌면 시인의 마음 속에는 심청의 희생적 제물로, 눈 먼 북한이 별안간 눈을 활짝 뜨고 핵 포기와 개방 개혁의 마당으로 나오게 되기를 염원하고 있는지도 모른다.

1

몽금포 장산물길
싼뚱(山東) 뭍바람
휘날린 거품꽃.

물기둥 갉아내린
황해 꽃바람
황사그물 날려.

2
장산곶 눈앞 어린
두무里 어항
노니는 흑룡춤.

연꽃길 피어오른
해당 둔덕꽃
심청애비 꽃궁.

―「꽃 핀 인당수」 전문

몽금포 타령으로 유명한 황해도 룡연군의 장산곶이 바라다 보이는 백령도 두무리里 어항漁港에서 북녘의 장산곶을 바라보며 시인은 분단의 비애와, 문화적 전통이 살아 있는 「심청전」의 연꽃길을 생각한다. 그리고 분단 민족의 공통된 문화유산 「심청전」의 정서적 공유로도 민족 통일을 이루지 못하는 기나긴 시간을 안타까워하고 있다.

국사봉 사금파리 울리던 하늘

무의도 헛기합.

파랑뜬 호룡곡산 울리는 광풍
기죽인 황해 룡.

승봉도 검은 등 위 별빛이 뜬다,
울려라 칼바람.

잠자는 황룡꼬리 돌리는 물레
물평선 가로막.

—「호룡곡산 썰물」 전문

네 수로 된 「호룡곡산 썰물」은 매 수 '3·4·5/6' 형식의 배행 형태를 보이고 있다. 시인이 인천의 서쪽 바다에 있는 무의도舞衣島를 기행하고 쓴 작품이다. 무의도는 부근에 소무의도, 실미도, 해리도海里島, 상엽도桑葉島 등의 부속 도서島嶼가 산재해 있는 섬이다. 장군복을 입고 춤을 추는 모양 같다해서 이름 붙여졌다는 무의도는 호룡곡산과 국사봉을 양쪽 정상으로 각각 거느리고 있다. 시인이 국사봉과 호룡곡산에 올랐던 날은 광풍이 일어 황해의 용이 기가 죽을 듯했던 모양이다. 어느덧 아득히 보이는 그 바다의 또 다른 섬 승봉도의 검은 등 위로 별빛이 뜨고, 칼바람이 스친다. 광풍은 무의도 호룡곡산의

'잠자는 황룡꼬리 돌리는 물레' 가 된 듯하고, 아득히 수평선(시인은 수평선을 '물평선' 이라 한다)이 가로막처럼 그어져 있다.

무의도는 썰물 시간 때에는 물 빠진 갯벌 위에 배[선박]들이 얹혀 있고, 바닷길이 열리기도 한다. 「호룡곡산 썰물」이 그래서 인상적인 곳인데, 바람 센 날 시인은 무의도의 풍광을 사뭇 황룡이 몸부림치는 듯 역동적인 모습으로 형상하고 있다. 지금은 무의도[대무의도]에서 연육교가 놓여 있어 쉽게 건너갈 수 있는 소무의도는 두어 시간이면 한 바퀴 돌아볼 수 있는, 지극히 정감 있는 섬이다.

수덕사 세계일화
덕숭총림은
오색단풍 꽃춤.

가야산 경허 · 만공
서해용왕 춤
천세 솔잎 도량.

—「덕숭산 崇德」 전문

두 수로 된 작품이다. 음절 배행은 전후 모두 '3 · 4 / 5 / 6' 으로 펼쳤다. 충남 예산의 덕숭산 중턱에 자리잡고 있는 수덕사는 대표적인 비구니 사찰이다. 특히 맞배지붕의 대웅전은

고려 때의 목조 건물로 국보로 지정된 유서 깊은 도량이다. 시인은 빛 고운 단풍 철에 수덕사를 탐방하고 그 이름에 걸맞은 덕숭산 수덕사의 숭덕崇德을 기리고 있다. 특히 명망 높았던 경허와 만공 스님이 이 절에 들어와 중흥을 이루시니, 마치 서해 용왕의 춤을 보는 듯 천세를 늘푸른 솔잎처럼 이어갈 도량이라 노래한다.

시인은 수덕사뿐만 아니라, 칠갑산의 칠갑사와 장곡사를 기행하고, 웅천의 갈대밭과 오석(비석 재료 돌)을 노래한다. 무창포와, 꽃박람회가 열린 바 있는 꽃지 해변을 거닐며 개불 등 갯것들에도 눈길을 준다. 그리고는 강원도 대관령 쪽으로 발길을 향한다.

삼화사 용오름길
두타산 가슴
동해를 오른다.

바위 틈 꽂힌 솔은
천 년 아우성
불타는 적광산.

반석암 풍류바위
옛 할배 노래

아미타불 합장.

지필묵 바위밥상
흐르는 포말
무릉도원 흰새.

—「무릉도원 골」 전문

시인은 대관령을 올라 풍광을 읊고, 동해 쪽으로 넘어가서 두타산으로 들어간다. 옛 선비들이 사랑한 너럭바위와, 깊고 수려한 두타산의 계곡은 무릉도원이라는 별명을 가지고 있는 명승지다. 텍스트의 첫 수는 삼화동 무릉계곡 두타산의 북쪽에 위치한 용오름길의 삼화사三和寺를 찾아가며 동해를 바라보게 된 풍광을 노래한 것이다. 신라 말엽에 창건된 것으로 보이는 삼화사는 주변에 천은사, 지상사, 영은사 등을 거느린 중심 사찰이다. 선종禪宗의 종풍을 지닌 삼화사는 여러 차례 화재로 인한 소실과 중창을 거듭해 왔는데, 1905년에는 삼척 지방 의병들의 거점으로 이용되었다. 1906년 일제日帝는 의병의 거점 파괴라는 명목으로 대웅전, 선당 등 200여 칸에 이르는 건물을 모두 불태워 버렸다. 그 뒤 1908년에 대웅전, 요사채, 칠성당 등을 건립하여 유지해 오다가, 1977년 현재의 위치로 옮겨, 증축하였다. 주요 문화재로는 삼층석탑과 철불, 목조지상보살상, 부도, 비석 등이 있다.

무릉계곡을 오르자면 석봉 틈에 뿌리 내리고 모질게 자란 솔이 천 년을 아우성치듯 강인한 생명력을 드러내고, 용추폭포를 비롯한 폭포들이 석벽을 뛰어내리는 장관을 이룬다. 무릉계곡은 그 초입부터 여행자들의 마음을 사로잡는다. 너른 암반석에 옛 선비들이 달필의 문장을 곳곳에 새겨 놓고 풍류를 즐겼던 만큼, 누구든 거기서 퍼질러 앉아 마음 풀어놓고 싶어지는 것이다. 그 너럭바위 한 쪽으로는 물이 편편이 흐르다가 폭포를 이루니, 그 포말이 무릉도원의 흰 새 같다는 넷째 수의 표현은 바로 그 같은 경관을 압축해 보인 것이다.

노산대 벼랑 끝에
저무는 태양
바위덩이 통곡.

물굽이 코끝 솔향
서린 핏발은
녹을날 어느날.

청령포 소낙재엔
청소깝 연기
삼각산 날은다.

관음송 걸터앉아
쌓은 망향탑
한양길 달빛길.

—「청포 임금」 전문

네 수로 구성된 이 작품은 매 수 '3·4/5/6'의 배행 형식을 보인다. 강원도 영월 단종의 유배지 청령포를 답사하고 쓴 작품 중 하나이다. 청령포는 영월 서강西江의 한 굽이에 3면이 강으로 둘러싸여 있고, 뒤쪽 1면은 절벽청산이 가로막고 있는 지세이다. 거기에 어린 나이의 단종은 유배되었던 것인데, 지금은 아름드리 울창한 숲으로 자란 소나무들이 모두 단종 어소御所를 향하여 절을 하듯 구부러져 있다. 시인은 그 같은 청령포의 사실적 풍경과 단종이 겪었을 절절한 통곡의 유배생활을 연민조連民調의 압축적인 시형 속에 담아 낸 것이다.

노산대魯山臺는 청령포 서남쪽으로 이어져 있는 층암절벽이 푸른 강물과 연결되는 산봉우리를 말하는데, 단종이 이따금 올라서 저무는 태양의 노을을 바라보며 바윗덩이 같은 통곡을 삼켰을 터이기에, 군(노산군)으로 강등된 그의 이름을 따서 '노산대'라 하였을 것이다.

셋째 수에 "청소깝 연기"라는 시행의 '청소깝'은 청솔가지 땔나무를 이름이다.(경상도에서는 솔가지 땔나무를 '소깝'이라 한다). 그러니까 3, 4수는 청소깝 태우는 연기가 궁궐이 있는 한양[삼각산]을 향해 날고, 이따금 하염없이 구부러진 관음송(단종이 걸터앉은 소나무)에 걸터앉아 한양 천 리 그리움의 망향탑을 세웠을 단종의 눈물어린 시간들을 함축해 낸 것이다.

입술에 걸린 먹물
쟁반 위 충성
헛짚은 하늘 새.

노루목 가린산골
스며든 삿갓
도포자락 바랑.

별 튀는 초옥삼간
구름 덮은 산
헤매돈 단풍닢.

빛바랜 금수강산
괴나리 봇짐
홀로맨 흰바람.

—「김삿갓 골」 전문

네 수로 된 「김삿갓 골」은 현대의 방랑 기행시인 김운중 씨

가 조선조 말기의 걸출한 풍자시인 김병립의 운명적 생애와 그의 성장 연고지인 강원도 영월군 김삿갓면 일대를 기행하고 쓴 작품이다. 깊은 오지 김삿갓 계곡에는 이제 김삿갓문학관이 설립되어 있고, 주변의 산과 언덕에 멋진 자연석 시비詩碑들과 김삿갓 상징물들이 조성되어 있다. 그리고 해마다 10월이면 김삿갓 문학축제가 열려, 김삿갓 골이 새로운 시대를 맞고 있다. 시인은 2012년 10월 20일 영월의 김삿갓문학축제에 참여하여, 자신의 기행 시혼을 김삿갓의 방랑 시혼에 투사한 것이다.

제1수는, 먹물 인생 생존전략으로 선택한 과거시험에서, 김병립은 「논정가산충절사탄김익순죄통우천論鄭嘉山忠節死嘆金益淳罪通于天」이라는 시제詩題에 따라 빼어난 답안을 작성, 장원급제하였으나, 공교롭게도 홍경래의 난 때 투항한 죄로 집안 멸족(뒤에 폐족으로 사면)의 벌을 받은 원인의 인물이 조부祖父인 김익순인 줄 알지 못하고 그를 조롱, 지탄하는 시제에 충실하였던 것이다. 뒤늦게 그런 사실을 안 김병립은 부끄러움의 삿갓을 쓴 채 전국의 산천을 방랑하게 된 것인데, 시인은 김병립의 그 아이러니한 비운의 상황적 현실을 형상한 것이다.

2~4수에서 시인은, 자식들이 폐족자로 멸시받는 것을 싫어한 어머니의 뜻에 따라 찾아 든 영월 땅 깊은 산골 노루목 지나 초옥삼간을 거처로 삼았으나, 사건 이후 김삿갓이 괴나리봇짐 하나 메고, 풍경이 풍경으로 보이지 않는 금수강산을 흰구름

처럼 떠돈 일생의 방랑시인이었음을 보인다.

4. 시적 담론의 심화와 형식의 변주

영월을 떠난 시인은 한탄강의 고석정에서 임꺽정의 내력을 더듬고, 원주의 박경리 문학관을 찾아, 선생의 땀내 나는 숭고한 삶과 생명의 숨결을 확인한다. 멀리 양구의 두타연과 휴전선 일대를 거친 시인은 방랑의 발걸음을 돌려 경상도에 들여놓는다. 먼저 이 나라 서원書院의 발생지인 경북 영주의 소수서원紹修書院을 찾아, 옛 선비들의 숨결을 듣는다.

선비골 까만 하늘 당긴 옛 가락
금비단 새봄 밤.

흐르는 대금선율 애끊는 해금
부여잡은 아쟁.

옥피리 풍악춤에 쏟아진 별빛
펄펄 뛴 두루막.

한기 든 추녀 끝엔

'학이시습지 불역열호아'

점박이 수염들.

—「소수서원 옥피리」 전문

태백산맥과 소백산맥이 갈라지는 소백산 밑 영지靈地에 터 잡은 소수서원은 조선조 풍기군수 주세붕이, 고려 때의 문신 안향安珦 선생의 사묘를 설립한 후, 1543년 유생교육을 위해 세운 서원이다. 이 나라 서원문화의 새벽을 연 이 서원은 원래 '백운동서원' 이라는 이름으로 전해 내려 왔으나, 뒷날 퇴계 선생의 건의로 소수서원이라는 이름의 사액서원이 된 것이다.

소수서원의 선비촌을 찾은 시인은 선비골을 흐르는 옛 가락을 들어낸다. "흐르는 대금 선율 애끊는 해금 / 부여잡은 아쟁" 이라는 둘째 수와 "옥피리 풍악 춤에 쏟아진 별빛 / 펄펄 뛴 두루막" 이라는 셋째 수의 축약적인 표현으로 옛 선비들의 정서적 수양과 교양적 홍취를 풀어낸다. 그리고 『논어』의 첫 머리 「학이편」의 첫 구절 "學而時習之不亦說乎" 라는 인용을 통해, 나라의 동량이 될 젊은 유생들의 학문하는 모습을 떠올려 준다.

시인은 「돌 뜬 절 흰구름」이라는 제명 하에 인근의 뜬돌 명찰名刹 부석사浮石寺를 노래하고, 「하늘 텬 따 디」라는 작품을 통해 소수서원과 관계 깊은 주자朱子, 안향, 주세붕, 명종明宗, 이퇴계 등이며, 능금골 인삼의 고장 영주를 부각시킨다. 영주 아래의 예천 여행에서는 「회룡포 물돌이」를 얻는데, 작은 하회마을로 일컬어지는 회룡포, 명당마을 금당실, 용문사의 보물 제684호 윤장대(輪藏臺/*경판고, 그 안에 불경을 넣고 돌리면 그 불경을 다 읽은 것이 되어 극락왕생한다는 신통한 법보), 조선시대 백과사전 『대동운부군옥大東韻府群玉』의 저자 권문해權文海 선생의 정사精舍인 초간정草澗亭 등의 풍정風情을 네 수의 연민조連民調로 꿰어 형상화하고 있다.

회룡포 모랫바닥 물도리젓는
밀짚모자 거사.

금당실 금곡서당 푸른 성황당
공자왈 맹자왈.

용문사 보물성보 웃는 윤장대
지킨 백두대간.

초간정 대꼬챙이 너른 나락논
권선생 이선생.

—「회룡포 물돌이」 전문

특히 초간정은 대단히 의미 있는 공간이다. 산에서 좀 떨어진 벌판에 지어진 초간정은 가까이 가서 보면 금곡천 개울가 바위 위에 그림같이 자리하고 있다. 작은 계곡의 3면을 굽이돌며 물이 흐르는 지형에 세워진 초간정은 천혜의 명당 정자 터라는 느낌이 든다. 정자의 마루에는 계자난간鷄子欄干을 둘렀으며, 누마루에서 밖을 바라보면 계곡을 굽이 흐르는 계류가 바로 아래로 내려다보인다. 정자의 북쪽 편액을 '석조헌夕釣軒' 이라고 한 것은 이 곳에서 계류에 바로 낚싯대를 드리울 수 있기 때문이다.

초간정은 은일隱逸의 목적이 아니라 학문과 집필을 위한 공간으로 세워졌다. 총명하고 기억력이 탁월했던 권문해는 향시에 장원으로 합격하였으며, 명종 15년(1560) 별시 문과에 병과로 대과 급제하였다. 명종·선조 연간에 여러 벼슬을 거친 그는 공주목사직을 사임한 후 귀향하여 노년의 학문을 위해 초간정을 지었던 것이다. 권문해의 나이 49세 되던 1582년에 완성한 초간정은 우리나라 최초의 백과사전으로 평가되는 『대동운부군옥』의 산실이 되었다. '『대동운부군옥』은 20권 20책으로, 단군에서 조선 선조까지의 사실을 지리, 역사, 문학, 철학, 인물, 예술, 풍속 등 다방면에 걸쳐 총망라한 방대한 저작'이다. 권문해는 이 초간정에서 『초간 일기』 『초간집』 『선조일록』 『신묘 일기』 등 많은 책을 저술하여 남긴다.

김운중 시인은 자신의 고향 땅 의성에 가서는 산수유축제장을 찾아 인심의 동향과 특산물의 이미지를 「숲실 아재」 「오동

할매」 같은 작품을 통해 드러낸다. 의성 금성산 숲실은 전남 구례 산동마을, 경기도 이천 백사면 도립리와 더불어 우리나라 3대 산수유 명승지로, 여러 해 전부터 산수유축제가 열려 널리 알려지고 있다.

3백년 문전옥답
빌지 않는 손(不借 人, 金, 文)
스며든 조광조.

오기로 익힌 세상
구한 새로움
내친 창씨개명.

양력 설 세배하며
산비탈 일군
가정의례준칙.

기왓장 들썩들썩
고가음악회
울린 피리선율.

—「주실 주실」 전문

봉화, 청송과 더불어 경북 3대 산골로 알려진 영양은 문필의 고장이다. 곧 영양은 조선 중종대의 개혁사상을 펼치다가 기묘사화로 화를 입은 조광조(趙光祖 : 1482~1519)가 축출된 이후, 어지러운 세상을 피하여 다니던 호은壺隱 조전趙佺 선생이 1630년에 터 잡아 그 후손들(조지훈, 조동일 등)이 집성촌을 이룬 주실 마을, 인근 두들 마을의 이문열 일가, 보길도의 세연정, 담양의 소쇄원과 함께 조선의 3대 정원으로 꼽히는 연당마을(입안면) 서석지瑞石池의 주인 정영방(鄭榮邦 : 성리학자), 그리고 1930년대의 오일도 시인 등의 문맥文脈이 흐르고 있는 곳이다. 호은종택의 주실 마을에서 정면으로 바라다 보이는, 붓끝처럼 생긴 봉우리가 '문필봉文筆峰' 인데, 그것이 이 산골 마을에서 조지훈 시인으로 대표되는 문장과 조동일 등 학자들이 배출된 한양 조씨 가문(*박사만도 14명이 넘게 배출됨)의 문명文名과 연관이 있는 것으로 해석하는 경향이 없지 않다.

시인이 「산골 마을」에서 적고 있듯이, 지조의 시인 조지훈의 생가인 호은종택은 예로부터 인불차, 재불차, 문불차人不借, 財不借, 文不借의 3불차三不借 로 유명하다. 주실 마을에 자리잡은 한양 조씨의 뿌리인 조광조는 중종반정 후 조정에 출사하여, 유교적 이상 정치를 현실에 구현하려는 다양한 개혁을 시도하였다. 시대를 훨씬 앞질러 간 그의 곧은 개혁 정책은 결국 기묘사화로 물거품이 되고 만다. 그러나 그가 꿈꾸었던 이상사회는 장차 그 후학들에 의해 조선사회에 구현되었다. 그의 서릿발 같은 지절과 혁신사상은 「지조론」으로 유명한 조지훈 시인 같은 그 후손들에 이어져 면면히 내려오고 있는 것이다. 특히 그 후손들은 엄혹한 일제강점 하에서 창씨개명을 거부하고, 양력 1월 1일을 설 명절로 삼아 차례를 지내고 새배를 한다. 그리고, 요즘 고택들이 더러 그렇듯, 고가음악회古家音樂會를 열어 지역민 문화생활의 구심점 구실을 하기도 한다.

「두들 아씨」는 작가 이문열의 고향 마을을 무대로 한 것인데, 그 이씨 집성촌의 석계 이시명 선생에게로 시집 온 안동 장씨 장계향의 위대한 행실을 형상한 것이다. 역경 속에서 여러 자식을 기르고 교육하면서도 철저히 내조를 다하고, 한글로 정교한 음식 조리서인 『음식디미방』을 저술하여 현모양처의 진정한 여성상을 보인 인물이다. 장계향은 숙종 연간의 문신이요 유학자였던 갈암 이현일의 어머니로, 그가 남긴 『음식디미방』은 오늘날에 와서 재조명되고, 요리가들에게 시대를 뛰어넘은 텍스트가 되고 있다.

문경 새재와 충북 영동의 영국사, 진주 촉석루, 김제의 금산사 등을 기행하고 그에 얽힌 역사와 문화를 형상화한 시인은 남도로 행로를 옮긴다.

> 꽹과리 매구 장구
> 삼남제일은
> 아쉼없는 배짱.

회오리 지킨 은빛
챙긴 보따리,
키다리꼬리
늘어선 서편제.

가마 위 장홍 부사府使
높은골 고흥高興
길게 이는 장홍長興

가마 끝 대롱대롱
하늘 산 바다
어울덩 더울덩.

—「장홍 부사府使」 전문

시인은 장흥 일대 여행에서 「장홍 부사府使」 「천관산 풋여름」 「서편제 빠구리」 「수문리 노래」 「수문리 파랑」 등의 시편을 얻는다. 고흥반도로 들어가는 길목에 있는 정남진 장흥은 천관산을 비롯한 기세 당당한 산들이 사방을 둘러싸고 있는 분지형에, 탐진강이 시내市內를 관통해 굽이쳐 흘러가는 명당이다. 그만큼 큰 인물이 나올 산하山河라는 강한 인상을 주는 고장인 것이다. 장흥은 국내에서 처음으로 문학특구로 지정돼

해마다 각종 행사를 진행해 오고 있다. 그도 그럴 것이 이청준, 송기숙, 한승원, 이승우, 문재구, 위선환 등 쟁쟁한 문인이 많이 배출된 곳이기 때문이다. 장흥의 지세는 문맥文脈이 강한 것이었던 셈이다.

지평선 뜨고 지는 호수공원은
맹경강 동진강.

은방울 이연, 저緣 한가득 이고
받은 아침햇살.

김제호 너른들에 오르내린 별
모악산 새 머슴.

차나락 등짝짐에 훈토시 체근
구겨진 담뱃대.

뚫린 길 한양길엔 세계를 후린
사각모 큰아들.

—「김제 1」 전문

시인은 다섯 수로 된 「김제 1」을 비롯해 「김제 2」 「김제 3」

「뗏목 탄 김제」「이연 저연緣」 등 5편의 김제 기행 시를 완성하였다. 전북 김제는 우리나라에서 지평선을 볼 수 있는 유일한 평야로 만경강, 동진강이 흘러 곡창지대를 이루는 고장이다. 일제 강점기에는 이 황금 곡창지대의 나락[벼]이 주요 물자들과 함께 군산항을 통해 일본으로 공출된 슬픈 역사가 있다. 쪽바리 구장의 체근에 차나락 등짝짐을 져 나르며 노예 같은 삶을 살았던 뼈아픈 역사가 있다. 벽골제는 김제평야를 적신 물보이며, 바닷가 산기슭의 망해사는 갯벌 너머 김제평야를 지켜보는 사찰이다. "동진 벼 나락꽃에 / 놀란 숭어떼 / 꾀인 풍천 장어"는 그 압축적 이미지의 표현이 그래서 더욱 아름답다.

3
오동섬
은갈매기
넘나든 돌산
다도해 물등성.

4
통통배 뜨던 비알
하양 동백꽃
열리고 닫히고.

—「오동도 무지개」 3-4수

1. 2. 3. 4 번호를 매겨 가며 네 수로 구성한 「오동도 무지개」는 「개도 소도」 「막걸리 개섬[蓋島]」 「오동도 새바람」과 아울러, 전남의 미항 여수를 기행하고 쓴 작품이다. 여수의 오동도는 동지나해로 열린 '천평선天平線'을 바라보는, 동백숲으로 유명한 섬이다. 3월이면 노란 꽃술의 붉은 동백꽃이 섬 전체를 뒤덮을 듯 아름답게 피어나지만, 드물게는 백동백도 없지 않다. 동백의 미덕은 꽃이 질 때에도 송이째 뚝, 뚝, 떨어져 추하지 않다는 것이다. 그런데, 이 작품을 쓴 여행의 시기는 7월 중순의 한여름으로 되어 있다. 오동도의 동백꽃은 우리들의 경험적 인식 속에서 언제나 피어 있는 것이다.

「오동도의 무지개」의 문제적 특성은 그 형식면에 있어 보인다. 2번을 제외하고는 3 · 4 · 5 · 6조의 틀을 깨고 있는 것이다. 핵심어 중심으로 압축 형태를 보일 수밖에 없는 규범적 민조시 형식으로는 그나마 시정詩情을 제대로 표현할 수 없다는 반증이기도 할 터이다. 시인은 형식의 변형을 통해서라도 자신의 시상詩想을 온전히 표현해 보려고 애쓴 결과일 것이다.

섬진강 재첩밭에
숭어떼 여울
골 메운 지리산.

별 한 짐 달빛 한 줌
살구 봄바람
물 오른 섬진강.

—「홍쌍리 매화향」 전문

섬진강이 내려다보이는 전남 광양시 다압면 도사리, 지리산 자락 비탈밭의 '홍쌍리 매실농원'은 봄이 오면 매화향으로 천지를 덮는다. 경상도 새댁으로 시아버지의 뒤를 이어 억척 매화농원 주인으로 우뚝 선 홍쌍리 씨, 티브이에도 여러 번 출연하여 세간에 익히 알려진 인물이다. 그의 삶과 인생은 참으로 감동스럽고, 그의 지혜로운 영농사상은 실로 존경스럽다. 그가 일군 매실농원과 수천여 개의 매실독, 건강한 발효식품의 개발은 과수농사-특히 매실농업의 혁명적 발전 모델이 되었다. 올해도 다압면 섬진강 언덕 홍쌍리 매실농원의 매화는 춘삼월 방문객들의 발길을 구름처럼 모아 들일 것이다. 시인이 표현하고 있는 '물 오른 섬진강 숭어떼 여울'은 눈부신 매화원기梅花源記의 비늘처럼 반짝이는 감각의 발현이 아닐 수 없다.

5. 평가의 유보와 역사적 평가

완도, 진도, 생일도, 고금도, 금일도, 고창 도솔사, 부소산 내소사, 고흥 나로도, 전주 한옥촌, 무등산, 지리산 청학동과 대원사, 법성포, 향일암, 진주 촉석루, 강원도 오지 정선 등등 일일이 언급하지 못한, 참으로 많은 곳을 김운중 시인은 여행하였다. 그것이 개인적 여행이었건 단체 여행이었건 간에 시인은 늘 기행첩을 가지고 다녔을 것으로 판단된다. 그렇지 않고서는 그 수많은 곳의 여행을 일일이 시로 남길 수도 없으려니와, 여행지의 그 특수한 문화와 역사를 놓침 없이 시적 형상의 핵심으로 포석布石할 수 없을 것이기 때문이다.

가늠키 어려운 기행과 답사 행보를 김운중 시인은 새로운 시형詩形인 3 · 4 · 5 · 6조라는 민조시로 형상해 내었다. 앞에서 살펴본 대로 민조시는 우리의 전통 시가를 토대로 양식화한 것이라 하나, 율격적 측면에서 볼 때 음보율의 전통 시형과는 달리 음절률의 시형이다. 이 단시형의 음절률 속에 김운중 시인은 자신의 거침없는 기행과 답사의 인상을 압축적으로 형상화하였다. 때로 감동의 순간과 답사의 의의를 억압적 틀에 충실히 담아 내지 못할 경우에는 형식의 변화를 꾀하기도 했고, 대체로는 연작 형식을 통해 규율의 한계를 해소해 나아갔다.

방랑시인 김삿갓처럼 국내외를 거침없이 기행하며 써 낸 그의 기행민조시들은 이번 두 권의 시집 동시 출간에 따라 모두 다섯 권의 시집으로 묶여 세상에 편입된다. 그의 작품 및 작품집에 대한 진지한 평가는 시간을 두고 기다려 보아야 할 것이다. 새로운 양식이 확립되고 동류 그룹의 형성이 확산되어 문학사 속에 굳건히 자리잡기 위해서는 긴 세월이 필요하기 때문이다.

감당하기 어려운 그의 문학적 행보와 기행시의 장래가 한층 역사적 의의를 더해 가는 쪽으로 발전하기를 기대해 본다.

김운중 시집_ 스리랑땅

초판 인쇄 | 2016년 4월 10일
초판 발행 | 2016년 4월 15일

지 은 이 | 김운중
회　　장 | 서정환
발 행 인 | 정종명
편집주간 | 차윤옥

펴낸곳 | 도서출판 계간문예
주소 | 03131 서울 종로구 삼일대로 32길 36 운현신화타워 305호
편집부 | 03132 서울 종로구 삼일대로 30길 21 종로오피스텔 808호
전화 | 02-3675-5633, 070-8806-4052
팩스 | 02-766-4052
이메일 | munin5633@naver.com
등록 | 2005년 3월 9일 제300-2005-34호
ISBN 978-89-6554-142-4 04810
ISBN 978-89-6554-118-9 (세트)

값 15,000원

〈이 도서의 국립중앙도서관 출판시도서목록(CIP)은 서지정보유통지원시스템 홈페이지(http://seoji.nl.go.kr)와 국가자료공동목록시스템(http://www.nl.go.kr/kolisnet)에서 이용하실 수 있습니다.(CIP제어번호: CIP2016009321)〉